LA FRANCE

ENVISAGÉE D'APRÈS LES PARTIS

ET LES OPINIONS DIVERSES.

Cet ouvrage se trouve également

Chez PETIT, Libraire au Palais-Royal, et LENORMANT,
rue de Seine, n° 8.

LA FRANCE

ENVISAGÉE D'APRÈS LES PARTIS

ET LES OPINIONS DIVERSES.

PAR P. B****.

Deteriores omnes fimus licentiâ. (Ter.)

PARIS,

J. G. DENTU, IMPRIMEUR-LIBRAIRE,
rue des Petits-Augustins, n° 5 (ancien hôtel de Persan).

———

1820.

LA FRANCE

ENVISAGÉE D'APRÈS LES PARTIS ET LES OPINIONS DIVERSES.

~~~~~~

CHAPITRE PREMIER.

Des Royalistes.

LES royalistes, envisagés sous le rapport de l'énumération purement politique, se composent de la plus grande partie de la noblesse ancienne, d'une partie de la nouvelle, des grands propriétaires, et d'un nombre assez considérable de Français estimables et éclairés, que l'empire des principes, la force et la nature des choses, un patriotisme bien entendu ont forcé de s'attacher au Gouvernement actuel, quoique la reconnaissance de quelques-uns eût pu leur faire regretter celui qui avait fait ou au moins favorisé leur fortune ou leur bien-être. Des familles honnêtes d'une classe moins
~~~~~~

élevée ont aussi embrassé la cause des Bourbons, et elles sont même nombreuses dans les provinces où la dépravation n'a point encore exercé ses ravages, et où le philosophisme moderne, loin de faire des sectateurs, est devenu la risée ou l'effroi de la généralité. Ainsi il existe évidemment dans ce parti, le seul légitime, de la vertu, de l'honneur, d'immenses garanties, de vastes ressources, de beaux talens, une bravoure et un courage qui ont valu de grands triomphes, et les moyens de comprimer les factions, de défendre le trône, de soutenir l'indépendance nationale, et de prouver à l'Europe que la route de la gloire et de l'illustration ne sera pas de long-temps fermée à une nation qui ose tout, qui ne craint rien, et que l'adversité n'a jamais pu vaincre.

Le fruit d'une expérience péniblement acquise, trente ans de malheurs et de calamités, les révolutions morales et politiques qui ont dénaturé les cœurs et ensanglanté les États, ont dû nécessairement laisser de salutaires leçons, et donner lieu à d'importantes réflexions, en montrant aux nations européennes combien il est utile de resserrer les liens sociaux, détruits par des événemens qui ont trompé la prévoyance humaine. Dans un temps de licence, lorsque les passions de toutes sortes ont rompu leur frein; lorsque l'audace et l'ambition sont parvenues à régler les mouvemens de l'âme; lorsqu'enfin il est urgent d'arrêter le débordement des esprits exaltés, et de regagner sur eux, par habileté, l'influence qu'on a souvent perdue par imprévoyance, toute impulsion haineuse doit cesser d'agir, l'amour propre et la vanité doivent faire place à des sentimens généreux et désintéressés. S'abaissant devant le mérite et d'éclatans services, l'homme d'État doit descendre quelquefois; et abandonnant de futiles préventions, il doit rechercher l'homme utile, offrir à chaque bon citoyen le tribut de considération que son dévoûment lui a mérité, et donner plus de droits à celui qui a contribué de toutes ses forces à relever la monarchie des Bourbons en 1814, qu'au descendant d'une tige illustre qui aurait montré de l'insouciance, et serait resté indifférent à une époque aussi avantageusement décisive. Si les royalistes avaient eu du crédit et des places, ils auraient eu égard à ces règles importantes de convenances politiques, en classant indistinctement les Français dans un ordre qui n'eût eu d'autre base que le talent et le mérite.

On a beau fouiller dans des fastes de l'his-

toire des Gouvernemens du monde, on n'y
trouve nulle part de positions semblable à
celle des royalistes, à l'égard du leur, depuis
la restauration. Il est visiblement démontré
qu'ils le servaient avec zèle, et que, dans les
circonstances les plus critiques et les plus dangereuses, ils verseront tous leur sang pour sa dé-
fense. Cependant on ne peut remarquer, sans
une douloureuse affliction, que depuis quatre
ans on les représente au Roi comme ses ennemis les plus à craindre. Abreuvés de dé-
goûts et d'amertume, repoussés partout, trahis,
chassés des emplois, indignement calomniés,
une stoïque résignation, le cri de leur cons-
cience les ont tenus constamment inébranlables
dans le dessein de secourir la monarchie, si elle
venait à être menacée. L'acharnement de l'ex-
ministre ne les a effrayés dans aucune occasion,
et la surveillance de sa police n'a eu d'autre
objet que de redoubler leurs efforts en faveur
du bien. Dans tous les cas il fallait voiler les
odieuses manœuvres dont ils étaient l'objet;
aussi le génie secourable de ce ministre in-
venta-t-il une conspiration contre la sûreté du
trône, et donna de l'importance à sa niaise in-
vention, en ordonnant à ses agens de Paris
et des départemens, d'insinuer au peuple que

d'augustes personnages avaient trempé dans cet infâme complot. Si ce prétendu homme d'État n'eût point devancé la dépravation de son siècle, il se serait humilié devant les hautes vertus de ceux qu'il calomniait en expiant lui-même publiquement la honte de son forfait. Un crime affreux, un attentat horrible qui ensanglantera encore les pages de notre malheureuse histoire, était-il nécessaire pour détromper les Français abusés ? Plaise à Dieu qu'une scène aussi épouvantable ne se renouvelle plus, et que le poignard qui serait désormais dirigé contre nos plus chères espérances, par une main sanguinaire et parricide, frappe de préférence le cœur envenimé des complices instigateurs !

L'esprit de parti, dans son effervescence, a l'habitude de pousser les allégations au-delà de toute vraisemblance ; c'est pourquoi, après la dernière invasion, on n'a point rougi d'accuser les royalistes de prolonger le séjour des baïonnettes étrangères, afin de pouvoir soutenir impunément des prétentions qu'ils n'ont jamais eues, mais que le machiavélisme a eu l'injustice de leur supposer. C'est encore ici que les fureurs de la calomnie se montrent dans leur grand jour, car un Français, à moins d'être

dépourvu de tout bon sens, ne saurait, sans
une inspiration absolument machinale, prêter
à des Français d'aussi mauvaises intentions.
Est-ce un ami de son pays qui aurait formé de
pareils vœux ? Le propriétaire qui eût entrevu
dans l'avenir des avantages et des récompenses,
aurait-il consenti à sacrifier inopinément une
grande portion de ses revenus pour des promesses éventuelles, et à l'entretien d'une armée
qui lui dicterait des lois ? Une telle spéculation,
dans toutes les hypothèses possibles, ne pourrait être tout au plus que la combinaison d'un
cerveau dans le délire, et que le fruit d'une
imagination discordante. On repousserait encore cette insidieuse allégation, en prouvant
qu'il n'existe personne d'assez insensé pour
confier ses destinées à un potentat victorieux,
qui, avec les plus nobles apparences de géné-
rosité, n'en opprimerait pas moins le pays con-
quis par des charges, des tributs onéreux, en
finissant peut-être par exiger des concessions
de territoire humiliantes. Indépendamment de
ces motifs de crainte et de défiance, étaient-ce
des généraux fameux qui avaient embrassé la
cause du Roi avec autant de bonne foi, qui auraient désiré le séjour ou l'intervention des armées européennes qu'ils avaient si souvent bat-

tues? Si on ne pouvait rien prouver avec des faits irrécusables, quel est l'écrivain qui ne serait pas obligé de se réduire à un silence perpétuel?

En 1815, on ne parlait que des crimes de la révolution; on en reproduisait les cruautés afin de prémunir les esprits chancelans contre les piéges que des têtes turbulentes, ennemies de l'ordre et du pouvoir, auraient pu leur présenter. Le tableau des atrocités de ces temps de douloureuse mémoire était souvent retracé avec émotion, et l'image des supplices qui avaient eu lieu, attendrissaient vivement la génération présente. Dans ces cérémonies expiatoires en l'honneur des victimes tombées sous le glaive révolutionnaire, les larmes coulaient en abondance, et personne n'ignorait que ceux dont on pleurait la perte étaient morts en défendant la dynastie des Bourbons. Aujourd'hui, qui le croirait? ceux que la main de la Providence a soustraits à la rage de leurs implacables bourreaux, ces hommes purs, ces hommes entièrement dévoués, dont une partie a gémi et souffert trop long-temps sur une terre étrangère, où ils étaient obligés de mendier l'hospitalité, sont accusés de vouloir user de représailles; on a l'impudence de les représenter le fer de la vengeance à la main. Qu'ils sachent donc, les méchans qui cherchent à les flétrir dans l'opinion, que la vengeance est loin de leurs cœurs, et que ceux qui, pendant leur exil, pansaient les blessures des soldats français, les exhortaient à souffrir, quoique leurs succès éloignassent leur retour dans leur patrie, ne deviendront jamais les ennemis de leurs concitoyens.

Une armée de rebelles s'organise l'année suivante, dans une province bouillante et courageuse, des soldats stipendiés se rassemblent dans les montagnes, et arborent l'étendard de l'usurpation ; des chefs se placent à leur tête, et cette armée ayant un caractère grave et imposant, marche, en ordre de bataille, sur la principale ville du département de l'Isère (1). Le

----

(1) C'est ce département qui a élu le régicide Grégoire ; mais ce qui prouve que cet apostat n'était arrivé à la Chambre que par les efforts d'une faction, et que le peuple était trompé sur ses sentimens, c'est que cette même ville vient d'envoyer des adresses au Roi, où elle exprime, en traits énergiques, sa profonde douleur sur la perte que la France a faite du Prince qu'elle chérissait, en exhortant le Gouvernement à prendre des mesures promptes et efficaces pour arrêter les factieux qui menacent le trône.

général qui en avait alors le commandement, a connaissance à temps de ce projet audacieux et criminel, marche spontanément à leur rencontre, les bat, et fait un grand nombre de prisonniers. Ses fonctions lui donnaient un pouvoir discrétionnaire sur ceux qui étaient tombés dans ses mains ; son humanité le détermine à suspendre les punitions qu'il doit infliger ; il dépêche des courriers au Gouvernement pour lui apprendre les résultats d'une tentative aussi alarmante, et implore sa clémence en faveur de quelques individus qui paraissent avoir été trompés sur le motif de leur armement : l'ex-ministre refuse leur grâce au nom du Roi. Si l'histoire qui transmet tout à la postérité, ne reproduisait fidèlement ces évènemens déplorables, on se refuserait à croire que ce ministre a considéré ce brave général comme un tyran, est devenu depuis son ennemi le plus acharné, et qu'il n'a cessé de le poursuivre et de le dénigrer, lorsqu'il savait très-pertinemment, par ses agens même que la monarchie n'avait été sauvée, à cette époque encore mémorable, que par la noble conduite et l'héroïque courage de ce fidèle serviteur. Croira-t-on également aux fallacieuses versions des écrivains de ce ministre et des libéraux, quand on a la certitude qu'une

joie délirante éclatait alors dans des provinces,
à cent lieues de ce foyer d'insurrection , avant
même que les succès du général fussent connus.
Il n'est aucunement douteux que cette tentative
était l'effet d'une conspiration générale, et que
des agens distribuaient , dans tous les coins de
la France , des proclamations qui n'avaient
d'autre but que l'expulsion des Bourbons et le
rappel de Buonaparte.

Les autorités ont voulu sévir contre plusieurs, mais une main invisible et secourable
les a presque toujours fait échapper au châtiment des lois. Les affaires de Lyon ne sont pas
non plus une énigme pour l'observateur politique ; il est bien prouvé qu'elles étaient une
suite combinée de la conspiration de Grenoble,
parce que les mêmes manœuvres et les mêmes
dispositions étaient faites dans les départemens,
envers la multitude, pour la disposer à la révolte. L'officier-général qui commandait le département du Rhône , s'est aussi conduit de
manière à mériter les plus beaux éloges, et ses
persécutions sans nombre ajouteront encore à
la gloire qu'il s'est acquise par sa bravoure, sa
fidélité et son courage.

Immédiatement après cette époque de nou-
veaux malheurs, la révolution , en suivant l'ère

des lumières, ne data plus que de 1815; les journaux, les écrits, les brochures, approuvés ou commandés par l'ex-ministre, ne signalèrent plus que les massacres du jour. Nîmes, Avignon, Toulouse, Montpellier, parurent leur offrir d'amples matières; et jamais, selon ces énergumènes immoraux, les siècles passés n'avaient offert d'exemples aussi frappans de cruauté et de barbarie. Que ne rappelaient-ils plutôt les journées des 5 et 6 octobre, le 20 juin, le 10 août, le massacre des prisons, les noyades, les fusillades, les mitraillades, ils auraient mis le peuple en état de comparer. Un extrait de l'ouvrage de M. Lacretelle, sur la révolution, en tête de chaque numéro de *la Minerve*, s'il n'eût pas été suffisant, aurait au moins offert des notions utiles, propres à désabuser les ignorans et les crédules. Dans tous les cas, on a déjà suffisamment combattu les assertions calomnieuses du parti animé contre les royalistes. Des hommes recommandables par leurs vertus et leurs talens, ont publié divers ouvrages, où les villes qu'on a voulu livrer à la vindicte publique sont parfaitement justifiées.

La conspiration où, selon la haute prévoyance ministérielle, il était question d'enfermer les ministres à Vincennes avec le Monarque, devait avoir de grandes conséquences, qu'elle eut effectivement, en légitimant le zèle et l'activité de la police, qui, pour ébranler ses agens, supposa des écrits publiés furtivement dans le dessein d'amener la nation à opérer un grand coup d'État. Quoique la justice, par l'organe de ses magistrats intègres, eût proclamé l'innocence des citoyens fidèles qu'on voulait sacrifier, on n'en surveilla pas moins les actions et les démarches des royalistes. Les agens s'insinuèrent partout; on pourrait, sans crainte d'être démenti, en citer un entr'autres qui s'introduisit, sous le déguisement d'une livrée, chez un grand personnage, sous le prétexte de lui demander une brochure pour un député malade, mais avec la mission de s'informer des noms et du nombre des personnes qu'il recevait habituellement. Les deux généraux qui ont si vaillamment défendu la monarchie, ne doivent pas ignorer qu'ils ont été constamment l'objet de cette surveillance inquisitoriale. On pourrait avoir la certitude que l'ex-ministre faisait placer des agens dans la cour des Tuileries, afin d'avoir au moins le signalement de ceux qui entraient et sortaient journellement du pavillon Marsan. Il est peut-être utile que des faits semblables soient consignés quelque part; ensevelis

dans l'ombre, ils ne produiraient que des remords à leur auteur; au lieu que dévoilés, ils
lui arracheront le masque, qui ne cache plus
qu'à des yeux prévenus sa coupable ambition.
Puisse la publicité de ses actions les plus importantes le rendre meilleur! le temps des con-
versions n'est pas éloigné, et la retraite est fa-
vorable à d'aussi précieuses métamorphoses.

Les révolutionnaires, avec des arguties dignes
de leur école, s'efforcent tous les jours d'aug-
menter les craintes du peuple; avec des motifs
nés de leur impudence et de leur mauvaise foi,
ils ressuscitent les priviléges et font revivre les
droits féodaux; ils sont convaincus que les royalistes ne les désirent ni ne les réclament, mais
il faut aux factieux des créatures et des partisans; et comme rien ne leur répugne, ils ont
recours au mensonge et à l'artifice pour troubler le repos de la France et celui de l'Europe.

Ce n'était point assez d'avoir comblé les royalistes d'outrages, on devait les séparer de la nation et du Gouvernement, en leur donnant la
dénomination ridicule d'*ultras*, ce qui équiva-
lait, dans la dialectique de l'ex-ministre, à
contre-révolutionnaires. C'est ainsi que la tota-
lité d'un parti, aussi sage que modéré, a été

présentée au Roi comme une épouvante, et aux cabinets étrangers comme une faction dont les idées et les principes surannés ne tendaient qu'à bouleverser les Etats. C'est en flattant la multitude, en paraissant ne s'occuper que de ses intérêts, en affectant un loyal désintéressement, qu'on est parvenu à tromper les étrangers, et à leur rendre suspects ceux dont les actions principales ne tendaient qu'au rétablissement du calme et de l'ordre universel. Non pas qu'on veuille applaudir à l'exaltation qui s'est manifestée dans quelques circonstances, l'effervescence d'un petit nombre qui pouvait avoir des motifs réels de mécontentement, l'ambition de quelques égoïstes, qui n'ont peut-être embrassé la cause de la royauté que pour obtenir des suffrages et une considération dont quelques-uns ne sont pas dignes; et une fortune qu'ils n'ont pu jusqu'alors se créer; ces motifs d'exception, lors même qu'ils existeraient, devraient-ils servir de base au jugement qu'on doit porter sur des hommes dont la grande majorité est totalement irréprochable ? On ne saurait partir d'une erreur pour établir une opinion, sans se jeter dans le vague; et c'est la fatale habitude qu'on a de n'envisager les objets que sous l'aspect le plus agréable aux passions, qui a fait mécon-

naître jusqu'ici ceux qui aimaient le mieux la
vraie liberté et qui désiraient le plus leur union
avec la masse, afin de joindre leurs efforts aux
siens pour travailler de concert, et d'une manière positive, au bonheur d'un pays qui est
sur le point d'être dévoré par les factions. Le
pas que les royalistes ont fait vers un ministère
qui semble vouloir agir franchement dans le
sens de la monarchie et de la légitimité, est
une œuvre sublime de politique et la preuve la
plus certaine de leur patriotisme sincère. Cette
nouvelle alliance, en même temps qu'elle a
anéanti un parti dans l'Etat, a jeté la consternation dans l'esprit des autres, détruit leurs espérances, et offert un point de lumière essen-
tiel aux incrédules qui n'ont cessé de suspecter
leurs intentions.

CHAPITRE II.

Des Libéraux.

Les libéraux, dans l'acception où un grand nombre peuvent être désignés, sont ceux de tous les partis qui ont une plus grande analogie avec les royalistes, ayant les mêmes sentimens, le même amour pour les Bourbons et le même dévoûment pour leur patrie; ils ne se sont tenus jusqu'ici dans l'éloignement que par la crainte qu'on leur avait inspirée de voir bientôt revivre le temps des priviléges et des exclusions. Les citoyens qui se trouvent naturellement placés dans cette catégorie, diffèrent entièrement des autres libéraux, dont les écrits et les doctrines n'ont cessé d'exciter les classes inférieures à l'insurrection. Ces derniers sont non seulement redoutables; ils sont même dangereux par les maximes subversives et envenimées qu'ils ne cessent de répandre. La plupart sans

fortune, sans propriétés, isolés de tout, ne pou-
vant être retenus par les liens de famille, à
cause de leur immoralité; leur cœur endurci
ne donnant accès qu'aux passions tumultueuses,
ils n'ont d'autre frein que celui des lois; encore
les avait-on rendues trop impuissantes pour les
comprimer. Avec du talent, de l'art, de la sou-
plesse, une certaine habileté, ils présentent la
liberté au peuple comme une amorce, afin de
le ramener plus sûrement sous le joug de la ty-
rannie et de l'oppression, quand ils s'en seront
servis pour effectuer leurs desseins criminels.
Ils considèrent la religion comme un puissant
ennemi; c'est pourquoi ils l'attaquent violem-
ment dans la personne de ses ministres, pour
ôter à ce même peuple le seul frein qui pourrait
le retenir. L'appât du pouvoir, les promesses
qu'ils ont faites, les garanties illusoires qu'ils
ont données, les avantages qu'ils ont promis,
ont provoqué l'égoïsme de quelques individus
recommandables, mais trop enthousiastes et
trop faibles, et les ont engagés dans ce redoutable parti, d'où une fausse conviction née de
l'erreur, l'amour propre, la honte d'avouer ses
torts et d'anciens écarts, les empêchent de sortir. C'est ce vain orgueil et ce pitoyable enté-
tement qui prolongent le désordre, et amènent

ces grandes catastrophes politiques qui entraî-
nent les gouvernans et les gouvernés dans l'affreux abîme des révolutions.

Les élans de ces démagogues politiques n'ont
point été arrêtés ni leurs mouvemens gênés,
quoiqu'ils insultassent continuellement la ma-
jesté royale, en se livrant à d'odieuses invectives contre des personnages augustes. Ils allaient jusqu'à ouvrir des discussions sur les droits
et les prérogatives de la couronne, en tournant
l'ordre de successibilité au trône en dérision
complète, sans que l'ex-ministre se servît des
moyens qui étaient en son pouvoir pour en
punir aucun. S'il ne commandait pas le mal,
il le laissait faire impunément, puisque les
journaux à sa solde n'ont jamais cherché à détruire les mauvaises impressions qu'on faisait
sur la masse de la nation. Les maximes désor-
ganisatrices, présentées avec autant de précaution que de subtilité, ont corrompu bien des
esprits et fait fermenter bien des têtes, sans que
l'autorité ait jamais cherché à en gêner la circulation. Il existe des provinces où on ne li-
sait plus que les écrits révolutionnaires et les
feuilles anti-monarchiques, sans que les magistrats bien intentionnés osassent s'y opposer.
Un auteur libéral avait-il jeté le voile de la

pudeur, en mettant au jour un tissu mons-
trueux de calomnies contre le Gouvernement
et les gens de bien, en criant aux armes pour
abattre le fantôme de despotisme que son imagination créait à sa fantaisie, il échappait com-
munément à la vigilance de l'autorité ; ou si son
livre était saisi, parce qu'on ne pouvait se dis-
penser de sévir, les exemplaires ne s'en ven-
daient pas moins dans les départemens ; bien
mieux, des prétendus marchands les colpor-
taient dans les campagnes, et les distribuaient
gratuitement à ceux qui ne voulaient ou ne
pouvaient en faire l'achat. Ce sont incontestablement ces mêmes maximes, souffertes ou
tolérées, qui ont si puissamment influé sur la
classe moyenne, qui, avec des principes contraires, aurait pu se servir de ses lumières pour
donner une meilleure impulsion à la multitude avec laquelle elle se trouvait habituellement en rapport.

La jeunesse, toujours empressée de s'arrêter
sur les objets extraordinaires, malgré qu'ils
soient souvent au-dessus de la portée de son
faible discernement, s'est jetée inconsidéré-
ment dans les bras de ceux qui avaient eu la
perfide adresse de donner un brillant espoir à
son ambition. On ne fait des dupes qu'en trom-

pant; aussi il n'est pas un sophisme, pas un stratagême qu'on n'ait inventé pour corrompre et entraîner cette impétueuse génération. C'est principalement dans les cours d'instruction publique qu'on a profité de son inexpérience pour lui inculquer de mauvais principes. En prenant l'homme à la naissance des États, on a soin de représenter sa liberté primitive avec un pompeux étalage; en traversant les siècles on ne manque pas de rappeler le despotisme des rois, en lui donnant les plus hideuses couleurs, et en omettant avec dessein les éminentes qualités d'un grand nombre; l'esclavage des peuples est le sujet d'un attendrissement emprunté, qu'on communique sans peine; les peuplades barbaresques, qui ont immolé leurs chefs pour s'affranchir de leur puissance, sont immortalisées. Tous les beaux traits de patriotisme de l'antiquité sont rapprochés, et les ennemis du pouvoir proposés comme d'illustres modèles. On arrive aux temps modernes de notre prétendue civilisation, en montrant la révolution française comme ayant enfanté des prodiges, en dégageant le peuple des liens de l'oppression sous laquelle il gémissait depuis long-temps. Les crimes qui se sont commis pendant sa durée ne sont point cités, comme devant exciter l'horreur et l'indignation, mais comme des élans sublimes en faveur de la liberté, et une suite presque nécessaire d'un bouleversement aussi efficace. Le despotisme de Buonaparte est oublié ; ses conquêtes seules sont prônées avec emphase. Les pamphlets libéraux, qui, par une fatalité sans exemple, se sont répandus, à l'exclusion des écrits qui contenaient de saines doctrines, ont fait croire à cette génération qu'elle était retombée dans l'asservissement, et qu'indépendamment de la perte de ses libertés, elle perdait de plus ses droits à l'avancement et aux emplois, qui deviendraient bientôt le patrimoine exclusif des classes privilégiées ; que les lois fondamentales de l'État garantissaient, à la vérité, les droits de chacun, mais que leurs dispositions ne tarderaient pas à être éludées par ceux qui se disposaient à nous faire remonter plusieurs siècles, en paralysant notre civilisation. Ce langage élémentaire et artificieux a eu une influence malheureusement trop forte sur un grand nombre d'esprits, qu'il a tellement disposés à la révolte, que les jeunes gens dont l'obéissance devrait être le premier devoir, ont tenté de s'affranchir de la correction des écoles, en secouant le joug de la *férule*. Tels ont été les effets déplorables des doctrines insurrectionnelles qu'on a mises en recueils. Quel est l'honnête citoyen qui ne désire leur anéantissement, et l'ignominie de ceux qui les proclament? Des erreurs aussi funestes ne cesseront d'avoir cours et quelque crédit, que quand les établissemens, destinés à l'instruction, auront à leur tête des hommes véritablement amis de leur pays et du Gouvernement, des hommes éminemment vertueux, lorsque la religion et la morale (non pas celle de la révolution) deviendront la première base de l'éducation. On devra préalablement extirper le germe d'insubordination qui n'est point encore enraciné ; et comme on a donné prématurément des notions politiques, il faudra détruire le mal en donnant l'explication de nos lois constitutives, qui assurent des récompenses au mérite et à la vertu, en ce sens que tous les Français sont également admissibles aux emplois civils et militaires, sans aucune distinction. Puisqu'on lui a rendu le nom de la liberté si cher et si précieux, il est nécessaire qu'elle comprenne que la meilleure dont on puisse jouir est de l'essence même de notre Gouvernement, qui peut assurer le bonheur de tous, lorsque tous se soumettront aux lois ; et que la liberté, si vantée par les agens de la démocratie, n'est qu'une illusion, et, comme on l'a déjà observé, un prétexte pour tromper la bonne foi, et placer la nation dans une servile dépendance.

Que le propriétaire aisé, l'habitant paisible des campagnes ne s'alarment point sur l'avenir; qu'ils repoussent, sans hésitation, les mauvaises doctrines; leurs droits seront courageusement défendus par la sagesse et l'impartialité de nos bons législateurs, et leurs travaux encouragés par les soins du Gouvernement, qui les maintiendra toujours sous la sauve-garde des lois; qu'ils désavouent les ambitieux qui troublent les délices de leur vie tranquille; qu'ils soient insensibles aux cris de révolte qu'on ne cesse de leur faire entendre; qu'ils vouent au mépris et à l'infamie ceux qui les trompent et les abusent, ils jouiront d'une profonde sécurité, prix de leur soumission et de l'obéissance qui leur est commandée, comme à tous les Français. On ne saurait trop souvent les exhorter à repousser les avis pernicieux des ennemis du repos et du bonheur; qu'ils aient également du dégoût pour les doctrines que le génie du mal a enfantées, parce qu'elles peuvent engendrer les plus grands inconvéniens dans les familles, et communiquer aux enfans les moyens de s'affranchir des devoirs que la nature leur a prescrits. Qu'on craigne surtout l'embrasement révolutionnaire : c'est pendant une incendie que les malfaiteurs dévalisent les maisons. Un honnête libéral, saisi de cette crainte, et pénétré des mauvaises intentions des factieux, les comparait à des pêcheurs qui troublent l'eau afin de faire tomber plus facilement les petits poissons dans leurs filets.

A moins d'être privé du moindre discernement, on ne peut douter maintenant que le libéralisme destructeur a fait des progrès immenses dans les esprits de toutes les classes, et que ses ramifications s'étendent pour ainsi dire sur chaque partie du globe. Il semble, à l'enthousiasme qui se manifeste, que Mirabeau, ce fougueux apologiste de la liberté, se soit dégagé de sa tombe pour faire entendre sa voix de tonnerre au monde entier. Les discussions scandaleuses de la Convention se renouvellent aux tribunes législatives; quelques-uns de ceux qui, à cette même Convention, faisaient des efforts inouïs pour renverser le trône de Louis XVI, paraissent en faire de plus grands aujourd'hui pour enlever à Louis XVIII ses prérogatives, et à la monarchie son éclat, en attendant qu'ils puissent immoler le Roi et la monarchie à leur rage ambitieuse. Comme les

vétérans de la révolution ont l'habitude de blâ-
mer ce qui est bon et de louer ce qui est mauvais, il n'est pas surprenant qu'ils condamnent
les mesures conservatrices du Gouvernement,
donnent le premier exemple d'insubordination, et se roidissent contre les lois répressives,
qu'ils considèrent comme des actes arbitraires,
et les derniers efforts du despotisme agonisant,
tandis qu'elles n'ont d'autre but que de sauver
la monarchie, si ouvertement attaquée. Ai-
ment-ils leur patrie, ceux qui, sous le vain
prétexte de la nationaliser, veulent la livrer à
une guerre civile qui l'engloutira ? Est-ce aimer
sa patrie que de l'exposer, par de scandaleux
débats, au déshonneur d'un envahissement ?
C'est en parlant de la gloire, de la valeur et du
courage des Français, qu'ils espèrent dissiper
les craintes de ceux qui ne s'engagent jamais
dans une route sans en avoir sondé les écueils.
Qu'ils cessent de profaner d'aussi nobles avantages en les vantant : les exploits des Français
doivent être proclamés par des bouches moins
impures que les leurs ; qu'ils se rendent justice
à eux-mêmes, ces êtres faibles et pusillanimes,
qui n'empruntent leur force que de ceux qu'ils
veulent ébranler, et que l'aspect des baïonnettes
seul pourrait faire pâlir d'effroi, ils verront

qu'ils n'ont guère d'autre avantage que celui d'une artificieuse dialectique, et qu'ils ne peuvent être considérés que comme de vils perturbateurs. C'est pourtant en donnant du poids à de pareilles forfanteries, en accueillant de semblables erreurs, que des hommes recommandables se sont plongés dans l'obscurité, en rendant odieux des noms qui pouvaient faire l'ornement de la monarchie. Qu'on ne croie point que la valeur française ait besoin d'être prônée, il y a long-temps qu'elle n'est pas un problème : l'Europe la connaît. D'ailleurs des monumens qui bravent les temps, l'attesteront encore aux siècles à venir. La faction révolutionnaire a ses vues en flattant l'armée ; son motif secret est de l'entraîner, pour la déterminer ensuite à seconder ses horribles projets. Qu'on se désabuse pareillement sur les intentions de cette armée : toujours aussi brave, aussi intrépide, l'honneur ne cessera d'être son guide, elle défendra sa patrie, son indépendance territoriale ; elle formera une barrière insurmontable entre le trône et les factieux ; qu'elle punira de leur témérité, ainsi que ceux qui auraient l'imprudence de marcher sous les auspices et d'après l'impulsion de quelques lâches, qui leur échapperaient au moment du danger ; mais des sophismes ne l'ébranleront

jamais ; le soldat français sait que c'est en rem-
plissant ses devoirs qu'il s'illustre, et en les mé-
connaissant qu'il se déshonore.

Au nombre de ceux qui ont été atteint de
l'épidémie libérale, on ne remarque pas sans
étonnement quelques employés des administrations diverses, qu'on ne pourrait guérir sans
leur ôter leurs emplois. Le fait est présenté
comme un phénomène rare, ou comme une
manie purement de mode ; car il est surprenant que des hommes dont l'existence n'est que
précaire, s'intéressent aussi aux innovations, en
encourageant les prétendus élans patriotiques,
et en applaudissant aux efforts des peuples qui
veulent renverser les monarchies. Ils ne peuvent
être mus que par le puissant mobile de la cu-
pidité, puisqu'ils ont vu passer tous les Gouvernemens, et qu'ils sont restés debout au
milieu de leurs ruines. Qu'ils remplissent leurs
fonctions selon les désirs de ceux qui les paient,
qu'ils touchent exactement la rétribution ac-
cordée à leurs travaux, qu'ils se fassent de belles
illusions, mais qu'ils n'aient point d'endroits
où ils puissent détrôner impunément les potentats, et républicaniser à leur gré les États
qui leur paraissent dignes de changer la forme
de leur Gouvernement ; il est inutile qu'ils

donnent des Constitutions aux peuples qui n'en ont pas, ni qu'ils changent des lois, des habitudes et des mœurs qu'ils ne connaissent point, et qui leur sont absolument étrangères. Ils ne devraient plus bâtir en l'air, car leurs édifices pourraient les écraser en tombant.

Voici encore une circonstance où l'on découvre la perfidie des libéraux dans les manœuvres qu'ils ne cessent de faire pour entraîner la classe inférieure du peuple dans le tourbillon révolutionnaire. Sachant que les succès de l'usurpateur (qui sont les succès de la nation) ont laissé des souvenirs, et produit de l'enthousiasme dans quelques provinces, ils font des sacrifices de toute espèce pour attiser encore le feu qui les anime; des agens, trompés eux-mêmes sur les intentions de ceux qui les font agir, exhortent constamment la multitude à prendre les armes pour replacer le despotisme sur le trône de France. Heureusement que le peuple n'a plus la même tendance à servir les factions, et qu'il se rappelle qu'on a l'habitude de ne s'en servir que pour favoriser des ambitieux dont la vie n'est signalée que par des crimes et des attentats. Ces derniers motifs sont en partie cause que la nation reste dans l'inaction, en manifestant la plus heureuse indifférence. On pourrait seulement lui reprocher d'écouter avec trop de complaisance les nouvelles absurdes qu'on lui débite. N'a-t-on point l'envie de la mystifier, quand on lui fait espérer que Bolivar ramènera Buonaparte, ou que les Anglais favoriseront son évasion. On ne se sert uniquement de ces grossières absurdités, que pour connaître les dispositions du peuple. Indépendamment de ce moyen d'agir contre la monarchie et la légitimité, on en emploie un autre plus dangereux, vraisemblablement déjà connu de la police, si heureuse en découvertes. La plupart des villages ont leur club, ou un endroit dans lequel les initiés se réunissent toutes fois que l'urgence paraît démontrée. Une correspondance, souvent active, est transmise d'un lieu à un autre avec tant de mystère et de précaution, que peu de personnes en connaissent le contenu. C'est aussi dans ces antres nébuleux qu'on avise aux moyens de persécuter les royalistes qui se trouvent à portée ; et les conseils qu'on donne à cet égard sont si exactement suivis, que ces mêmes royalistes sont encore plus maltraités que ceux des grandes villes, et courent beaucoup plus de risques, en raison de leur isolement. On les injurie ; leurs propriétés ne sont pas même respectées, et des menaces, qui sont très-fréquentes, on passe souvent aux voies de fait. L'intervention de l'autorité pourrait réprimer ce désordre, en assurant le salut des amis de la dynastie des Bourbons; mais sait-on si les instructions de l'ex-ministre ne leur fermaient point les yeux? Il est l'auteur de tant de merveilles, qu'on pourrait encore lui attribuer celle-ci, surtout quand on a vu les préfets, comme s'ils avaient été frappés d'un talisman, se plonger dans un sommeil léthargique, que les royalistes étaient contraints d'envisager avec un respectueux silence.

La direction qu'on est parvenu à donner à l'esprit des peuples européens, est aujourd'hui on ne peut pas plus effrayante. Une faction, guidée par des mains coupables, a juré la perte des rois et le renversement des trônes, et son acharnement est si fort, qu'elle ne posera les armes que quand ses affreux desseins auront été exécutés. Depuis l'origine la plus ancienne des peuples, on a vu des conquérans dont les exploits belliqueux ont été transmis, et ont fait naître de terribles ambitions. Le succès n'a pas toujours secondé leurs gigantesques entreprises; mais le goût des conquêtes n'en est pas moins venu jusqu'à nous. Un homme audacieux, sorti de l'obscurité, a tenté la con-

quête du monde; ses triomphes n'ont été qu'é-
phémères, ses revers ont été grands, et il est
retombé dans l'oubli. Veishaupt, auquel l'illu-
minisme doit une partie de ses institutions, avait
des vues contraires à celles du conquérant. Au
lieu de disposer les peuples à envahir les États,
son génie maléficieux formait des séctaires pour
abattre et renverser les trônes et les Gouvernemens. Le nombre de ses disciples s'est bien vite
accru, et il les a répandus dans tous les États,
afin d'agir de concert lorsqu'ils seraient tous en
mesure, et que le temps serait venu d'assassiner
tous les potentats, et ceux qui deviendraient
leurs appuis. Après des guerres sanglantes,
beaucoup moins dangereuses que celles des
sectes, dont les forces ne combattent jamais
en présence, les vaillans guerriers allaient poser
les armes, et jouir de la félicité d'une paix
profonde, lorsqu'ils ont été éveillés par des
meurtres et d'horribles attentats. Dès-lors la
guerre des poignards a commencé, les hostili-
tés ont pris de nouvelles couleurs, le fanatisme
politique a repris de la force sur les esprits ti-
mides et incertains. Les élémens de la barbarie
ont pris la place des principes qui doivent être
la base de toutes les sociétés humaines. Le
crime a été représenté comme un effort d'hé-

roïsme indispensable pour rompre les liens du pouvoir (1). Le pouvoir légitime a été frappé dans ses fondemens, et le sang des Rois a coulé sur la terre. L'univers a frémi, et la France a vu son espoir s'éteindre sous les coups d'un scélérat. Les libéraux révolutionnaires, initiés aux mystères des grands crimes, ont, par des

____

(1) Jamais le crime ne s'est commis avec autant de calme et de sang-froid, et à aucune époque des siècles de barbarie, les meurtriers n'ont eu tant d'audace et moins de remords. Ce ne sont point les vengeances particulières qui agissent, comme les ultras-libéraux ne cessent de le répéter, mais bien les ressorts de la grande machine révolutionnaire, qui ne se meuvent que par l'impulsion d'un secret moteur. Lorsqu'on arrête un soldat, lorsqu'on l'assomme parce qu'il crie *vive le Roi!* au lieu de crier *vive l'Empereur!* est-ce l'effet d'une haine personnelle? est-ce le même motif qui vient de déterminer trois brigands à assassiner un garde-du-corps de Monsieur, et à lui enlever ensuite les dépêches et le mot d'ordre général qu'il apportait à son colonel, en qualité d'ordonnance?

On s'était aussi efforcé de prouver que les fureurs de la vengeance avaient causé la mort du Prince des arts et des indigens ; mais l'opinion a fait justice d'une pareille turpitude, et l'a reléguée au nombre des blasphêmes libéraux qui causeront incessamment la honte et l'opprobre de leurs inventeurs.

manifestes échappés de leurs mains parricides, décélé leurs infâmes projets contre les puissances européennes, dont ils présentent la sainte alliance comme un moyen infaillible d'asservir tous les peuples. Ces manifestes ont été bientôt suivis de déclarations hostiles aux têtes couronnées ; l'Allemagne, la Prusse, l'Angleterre et la France ont éprouvé tour à tour des secousses qui ont indiqué le danger que courait chacun de ces États, et le volcan sur lequel tous se trouvaient placés. Les cabinets de l'Europe cherchèrent à arrêter le mal dans son principe ; et comme ils apprirent que la France était le foyer des révolutions, et que c'était dans son sein où se trouvait l'arsenal dans lequel se forgeaient des armes contre les trônes, ce fut la France qui fixa attentivement leurs regards.

L'Espagne, dans son allégresse libérale, vient d'offrir le premier exemple d'un des triomphes qu'ambitionne la faction qui cause un si grand effroi. Le souverain de ce royaume a fait un bien triste essai, en se soumettant aux conditions que son peuple lui avait imposées ; il aurait dû ne se rappeler qu'en frémissant la malheureuse destinée d'un monarque qui avait pareillement reçu la loi de ses sujets. La transmutation de pouvoir qui s'est opérée dans la péninsule dévoile entièrement aux autres cabinets le secret qu'il leur était si important de connaître. Si jusqu'alors ils ont été trompés sur les desseins des implacables ennemis des monarchies, et s'ils n'ont pas adopté de moyens pour prévenir des désastres infinis, ils n'ont pas dû perdre un instant pour en créer d'efficaces. Si l'esprit de parti leur avait caché d'importantes vérités, ils ont dû tirer de grands points de lumières de ces évènemens funestes, se rapprocher des amis de l'ordre et des Gouvernemens légitimes, et engager les souverains de tous les pays à se servir de mesures également répressives, assez violentes pour comprimer les factions, et arrêter l'influence énorme des sociétés secrètes. Une étincelle échappée du foyer révolutionnaire, vient de causer un vaste incendie dans la péninsule : si on n'éteint pas promptement ce feu dévastateur dans son origine, on aura bientôt le douleureux spectacle de l'univers embrâsé.

On peut douter si l'ex-ministre doit trouver une place dans ce chapitre; cependant, sa conduite généreuse envers les ultras-libéraux, qu'il a ménagés et applaudis dans leurs écarts, et dans les tristes succès qu'ils ont pu obtenir, lui mérite une place, sinon dans leurs cœurs, au moins sur leur ligne. Au surplus, il leur aurait donné une marque de considération non équivoque, si, comme il est rapporté par des gens qui surprennent les nouvelles, il avait entretenu Mina, l'espace de quatre heures, avant son départ pour l'Espagne.

Les doctrinaires, presque toujours mixtes dans leurs opinions politiques, semblables à des pirates exercés, ne mettent à la voile que quand l'orage est dissipé, que la mer est calme, et qu'ils sont sûrs d'une bonne prise. Toujours dans les sinuosités, ne marchant qu'à l'aide de l'hypocrisie et de la dissimulation, ils ne sauraient manquer de tromper ni d'être dangereux à l'État. Il serait assez difficile de leur donner une juste qualification; et si Montaigne était de nos jours, on croirait qu'il a voulu les désigner en parlant de ces politiques, qu'il compare à des vers à soie, qui tournent, bâtissent sans cesse, s'empêtrent ensuite dans leurs ouvrages, et s'y étouffent.

CHAPITRE III.

—

Des Buonapartistes.

Les buonapartistes se composent d'une partie de ceux qui étaient attachés à la cour de l'usurpateur, de quelques militaires titrés, et d'un faible nombre d'officiers à demi-solde, qu'une ambition excessive, un égoïsme déréglé portent à sacrifier l'intérêt général à l'intérêt particulier; des anciens employés aux armées, qui, d'après un pareil système d'égoïsme, non satisfaits des fortunes colossales qu'ils ont heureusement faites, voudraient trouver de nouvelles occasions d'alimenter encore leurs désirs insatiables; des jeunes gens oisifs qu'une mollesse habituelle retient dans l'inertie, et qui auraient pu s'enrichir à la suite des armées; et de ceux qui, sans l'expérience qu'on n'acquiert que par de longues et pénibles études, auraient porté un uniforme militaire, et exercé leur art éventuel au moyen d'une commission qu'ils obtenaient facilement.

Les employés de quelques administrations manifestent aussi le désir insensé de voir le rétablissement de la dynastie de Buonaparte, surtout une portion de ceux de l'ex-ministre, qui font éclater publiquement leur joie à cet égard, en annonçant qu'il est impossible d'établir des doutes sur un évènement prochain, qui comblera leurs vœux. Il n'est pas aisé d'expliquer les motifs qui déterminent cette classe d'individus à émettre des vœux aussi coupables; auraient-ils reçu des instructions secrètes de leur ancien maître? Ce dernier était devenu si incompréhensible, que son miraculeux système de bascule aurait justifié les instans qu'il aurait donnés aux Buonapartistes. La reconnaissance et des affections d'un genre particulier, auraient pu d'ailleurs emporter sa sollicitude. Les employés des autres administrations ont préféré le libéralisme, dans la conviction que la liberté, comme ils la voulaient, ne pouvait se concilier avec un despotisme illimité. Quelques femmes, mues par de rares impulsions, portent le désintéressement jusqu'à désirer le retour de celui qui, dans ses glorieux combats, moissonnait leurs plus chères espérances. Il y a tant de bizarrerie dans les caractères divers, que la conception humaine est insuffisante pour tirer des inductions de causes qui n'ont d'autre base que le caprice.

Les démonstrations forcenées, les cris même qui se feraient entendre en faveur de Buonaparte, ne peuvent dans aucun cas servir à juger l'esprit de la multitude, qui est rarement vraie dans ces circonstances, où elle suit plutôt l'élan de ses passions que celui de son âme. Cromwell avait bien senti cette vérité, lorsque traversant la foule au milieu des acclamations, il observait froidement aux courtisans qui lui faisaient remarquer cet enthousiasme, qu'on applaudirait également si on le conduisait à l'échafaud. Au surplus, les cris qui se feraient entendre à l'égard de Buonaparte, ne pourraient indiquer l'amour qu'on lui porte, ni le désir qu'on a de le revoir ; ils seraient seulement le signal d'une révolution qui ne lui serait aucunement avantageuse. On a dit plusieurs fois qu'on employait envers la masse toute espèce de subterfuges pour la séduire et la disposer à une insurrection générale : on ne saurait trop lui recommander de se tenir en garde contre les suggestions de tout genre. A moins d'admettre l'absurde dans ses combinaisons, on ne pourrait sans s'écarter de la saine politique, se persuader que ceux qui n'ont d'autres projets que de détruire les monarchies tempérées, auraient la maladresse de contribuer à rétablir un despotisme absolu, dont ils seraient tôt ou tard les victimes.

Dans toutes les suppositions imaginables, la dynastie de Buonaparte est absolument éteinte, et la France n'aura jamais la douleur de la voir revivre. Il ne peut y avoir que des cerveaux creux, des esprits désorganisés, dont la plupart ne peuvent plus se livrer qu'à de folles rêveries, qui puissent admettre une telle possibilité. Que les partisans insensés de cette dynastie, cessent de se créer des chimères, qu'ils soient conséquens, et ils se dessilleront promptement les yeux. Les trônes de l'Europe sont maintenant affermis, la force armée seule peut les renverser, et une puissance quelconque ne peut sortir de la ligne qui lui est prescrite, sans violer des conventions sacrées, sans s'attirer l'animadversion des autres, et sans échapper au fléau d'une guerre d'extermination, qu'il ne serait pas en son pouvoir d'éviter. Les États divers sont circonscrits dans leurs limites, et aucun ne peut les dépasser, sans détruire l'équilibre de force, qui est la plus grande garantie de chacun d'eux en particulier. Une couronne ne peut en conséquence acquérir de la prépondérance au détriment d'une autre, et l'Autriche ne pourrait envahir la France et y établir un prince de sa maison, sans craindre elle-même un envahissement de la Russie, qui épie tous ses mouvemens, et qui ne souffrirait pas qu'on affaiblît sa grande influence et sa suprématie, par la conquête d'un pays qui, réuni à l'Autriche, serait dans le cas de menacer ou de restreindre sa grande puissance. D'un autre côté, l'Autriche ne se hasardera jamais à poursuivre un dessein qui tournerait à sa honte, et qui ne se réaliserait que si nos troupes favorisaient une invasion. Comme notre armée ne cherche que l'occasion de venger son honneur, qui a été compromis par l'imprévoyante audace de Buonaparte, on ne saurait douter de l'avantage qu'elle remporterait du pemier choc, et de la défaite inévitable de la puissance agressive.

Après avoir démontré l'impossibilité du rétablissement du règne de Buonaparte, rejeté par la sagesse et par le système nécessaire des cabinets, il est néanmoins permis de s'affliger de ce qu'en France on laisse accréditer ces folles espérances dans l'esprit de la multitude. Quels que soient les motifs qui déterminent les ennemis des Bourbons à réveiller la bouillante ardeur et l'attention du peuple, en lui mettant sans cesse le tableau de nos victoires sous les yeux, ils sont repréhensibles, et doivent être condamnés, s'ils tendent à l'arracher de son inaction naturelle, pour le porter ensuite à des excès qui peuvent incontestablement troubler l'ordre et le bonheur de l'État.

Que nos victoires et nos triomphes des temps anciens et modernes soient mis en recueils, étant la propriété de la nation, ils doivent en faire l'orgueil et l'ornement; ils peuvent apprendre à nos guerriers à se connaître, entretenir en eux le feu de l'émulation, et donner de l'essor aux nobles sentimens qui enfantent des prodiges de valeur dans l'action des combats; mais qu'on rejette avec un fier dédain, les spécieuses raisons qui attribuent presqu'exclusivement nos éclatans avantages, au mérite, à la bravoure et au courage de celui qui avait eu la hardiesse de se placer à la tête de nos armées, qui ne sauraient manquer d'être victorieuses, parce qu'elles sont composées d'élémens qui résistent à tous les chocs et bravent tous les dangers. La valeur impétueuse des Français les avait illustrés avant Buonaparte, ils s'illustreront encore après, et marchant désormais sous d'autres enseignes auxquelles se rattachent de glorieux souvenirs, guidés par des mains plus prudentes, plus sages et aussi habiles, ils se rendront plus redoutables qu'ils ne l'ont encore été, apprendront à jouir de la victoire, et n'auront plus à gémir sur des revers qui ne peuvent manquer d'humilier une nation invincible.

Qu'avec le secours de la lithographie, qui est encore une découverte heureuse du génie de notre siècle, si fécond en merveilles, on produise le tableau vivant de nos conquêtes, il faudrait être injuste pour trouver mauvais que les hauts faits de nos armées fussent soumis à l'admiration de nos jours. Mais pourquoi excite-t-on la haine pour ces estampes en y plaçant Buonaparte, dont on a soin de cacher la figure, laissant pleinement apercevoir le cheval qu'il montait, son mameluck, et quelques officiers de son état-major? Dans le plan de l'île Sainte-Hélène on n'a pas eu recours à cette précaution ; il s'y trouve tout à fait en évidence, et dans la même dimension que ceux qui l'entourent.

Parmi les estampes qui rappellent l'affreux évènement qui a privé la France du meilleur des Princes, il y en a qu'on ne peut voir sans la plus vive indignation. Buonaparte n'était point témoin de cette horrible scène, néanmoins, on l'y remarque sous l'habit d'un gendarme, placé derrière le Prince à l'instant où il est mortellement frappé. Serait-ce s'exposer, que d'invoquer le zèle et la vigilance de la police pour punir cette insulte à la nation ? Dans le cas contraire, l'ami de l'ordre et de son pays pourrait l'engager à défendre la distribution de chœurs allégoriques, où on lit ces mots en sens divers : *Prions pour le Père, le Fils et le Saint-Esprit, ainsi soit-il*, et au travers desquels on voit en transparent la famille de Buonaparte, et ce dernier, en plus gros volume, d'une ressemblance parfaite ; il oserait l'engager à défendre également la vente et la fabrication d'une multitude d'effigies de Buonaparte en bronze, de diverses grandeurs, dont la plupart se placent dans les cannes et les parapluies. Sans avis officiels, elle pourrait découvrir ceux qui vendent le duc de Reichstadt, né le 20 mars 1811, dont l'origine est trop bien connue, et les personnes qui gravent sa famille sur des cristaux, et en font passer une grande quantité dans les départemens et à l'étranger. Le domicile de tous ces individus ne serait pas indifférent à connaître, et c'est l'empressement qu'on mettrait à les poursuivre, qui pourrait donner la mesure du bon esprit de ceux qui doivent veiller à la sûreté du Gouvernement. A moins que la police n'ait sous sa main des argumens de la force de ceux qu'elle a employés envers un noble pair, pour justifier sa négligence, il paraîtrait qu'elle aurait des torts, et qu'elle se trouverait en défaut sur quelques points. Si, comme il a été habilement observé, ces objets sont insaisissables, parce qu'ils sont la propriété de ceux qui les fabriquent, il n'y a plus de sûreté ni pour la dynastie régnante, ni pour les citoyens ; car si le moindre de ces argumens devenait un principe légal, son application défendrait de violer le domicile de celui qui aurait préparé du poison et fabriqué des poignards avec le dessein de leur donner une criminelle destination. Si les lois en vertu desquelles on a fait tant souffrir les royalistes, sont abrogées, et que la police soit, en conséquence, gênée dans ses mouvemens et dans l'exercice de ses fonctions, le moment est propice pour lui demander compte de l'arbitraire qu'elle a exercé contre des personnes qui n'ont pas pu mourir dans les cachots.

On ne pourrait, sans être ennemi de son pays, ne point s'appitoyer sur l'indifférence et l'apathie de l'autorité chargée de la répression de ces délits politiques. Comme on a vu que le peuple des provinces avait plus ou moins de propension à désirer le retour de Buonaparte, pour lequel les révolutionnaires l'excitent artificieusement à prendre les armes, la vue de son image peut encore réveiller ces désirs coupables, et par suite, occasionner d'affligeans désastres. On n'aurait besoin que d'une volonté ferme pour arrêter l'affluence pernicieuse d'objets dont l'évidence peut avoir d'aussi graves incon-véniens. Du zèle pour le bien, une bonne foi manifeste, de l'amour pour sa patrie et ses concitoyens, un dévoûment sincère à l'auguste dynastie des Bourbons, engageraient à tirer les agens de la police de l'assoupissement où on les a plongés, en les forçant d'agir avec plus d'activité et moins de tiédeur. En admettant que quelques-uns aient des motifs secrets pour regreter le règne de Buonaparte, ce sont de bien pauvres Français, si des considérations particulières les déterminent à favoriser des partis qui veulent l'anéantissement de leur patrie.

Quels que soient les motifs qui dirigent les artisans de ces images de sédition, ils ne doivent pas se trouver hors de la portée des lois, qui, dans leur texte même, contiennent de

vigoureux moyens de punition. Qu'on remarque, en observateur, que de la moindre licence,
peuvent naître des maux infinis, et que la cause
des relâchemens, comme l'a observé Montes-
quieu, vient de l'impunité des crimes plutôt
que de la modération des peines; et cette impunité des crimes jointe à la décadence des
mœurs qui se laisse apercevoir en France,
peut encore déterminer la ruine, ou au moins
la décadence de l'État. Ces vérités de principes,
qui bravent de misérables raisons, doivent être
senties par les dépositaires du pouvoir, et elles
doivent être assez influentes pour les convaincre et leur donner de l'action. Dans un moment de crise et de fermentation générale, la
nation craintive a les yeux fixés sur les abus, et
s'ils produisaient un bouleversement, ceux qui
les auraient soufferts ou protégés devraient
trembler qu'on les rendît responsables de
maux sans nombre, terribles conséquences de
cette tolérance insensée.

Les efforts que pourrait faire la faction bo-
napartiste, de quelque nature qu'ils soient, ne
peuvent occasionner de vives inquiétudes, en
raison de la disposition actuelle des esprits. Le
prestige attaché à ce Gouvernement est dissipé,
et le faux éclat qui l'entourait n'est plus capable

d'éblouir qui que ce soit. La génération actuelle, malgré son enthousiasme apparent pour la gloire de nos armées, pendant son règne, n'est pas assez follement brave pour désirer son retour. A l'exception de quelques individus errans et vagabonds, qui ne subsistent que de brigandages et de spoliation, il est assez prouvé qu'on se soucie fort peu maintenant de courir les chances hasardeuses des combats lointains, au risque d'être en proie à tous les genres de souffrances et de privations. La France, semblable à un fougueux coursier qui a franchi sa carrière, redoublant de vitesse, se repose maintenant de ses énormes fatigues et de ses vigoureux efforts. C'est au sein de la paix qu'elle goûte le repos, cicatrise ses plaies, rassemble ses forces épuisées, afin de pouvoir se montrer au besoin aussi vaillante et aussi redoutable qu'elle l'a toujours été. Plaise à Dieu que les factions révolutionnaires ne viennent pas troubler un repos si précieux, nous aurons la douce espérance de voir de nouveau notre nation la plus grande et la plus formidable de l'Europe, et d'immenses bienfaits rejaillir de toutes les sources de la prospérité.

CHAPITRE IV.

—

Du Peuple.

VOLTAIRE a dit : « Tel est le peuple de France : sensible jusqu'à l'enthousiasme, et capable de tous les excès dans ses affections comme dans ses murmures. » La première de ces vérités vient de se démontrer dans les plaintes et les gémissemens que le peuple a fait éclater, sur tous les points du royaume, au sujet de l'évènement terrible qui a ravi à son pays un auguste héros de toutes les vertus. Cette nouvelle affreuse était à peine connue, que la France avait pris le deuil, et que des larmes, non des larmes feintes, coulaient en abondance des yeux de la multitude, inconsolable de la perte de son généreux bienfaiteur, et d'un aussi exécrable attentat. Une sombre tristesse avait gagné tous les esprits ; toutes les classes de la société étaient dans la douleur ;

l'esprit de parti paraissait éteint pour faire place à l'affliction ; des révolutionnaires même n'envisageaient cet effort d'atrocité, qu'en laissant échapper des soupirs de pitié. Dans les cérémonies funèbres qui ont eu lieu pour l'expiation d'un pareil forfait, les habitans des campagnes ont montré combien ils étaient pénétrés de la mort d'un Prince qu'ils aimaient autant que son grand aïeul. Ses qualités magnanimes ont été sanctifiées, et un des plus beaux triomphes de cet illustre martyr est d'avoir trouvé une place dans la mémoire de ceux dont le jugement détermine l'opinion de la postérité. D'ailleurs les nombreuses adresses déposées au pied du trône ensanglanté, ne peuvent laisser de doute sur les sentimens de la nation contristée.

S'il arrivait jamais que le peuple tombât dans l'excès opposé à la sensibilité, on aurait peut-être à redouter son effervescence, et un enthousiasme d'un autre genre poussé trop loin, pourrait occasionner de violentes secousses, et produire de ces surprenantes commotions qui renversent les trônes, après avoir bouleversé les États. Néanmoins, et lorsqu'on lui supposerait le plus faible penchant vers la révolution, il lui faudrait du temps pour passer d'une extrémité à l'autre : il a acquis trop d'expérience dans la part qu'il a prise aux bouleversemens qui ont fait répandre tant de sang et verser tant de pleurs. Il connaît la mauvaise foi des révolutionnaires, qu'il secondera difficilement, sachant qu'ils ne le considèrent que comme un instrument commode, qu'on rejette après s'en être utilement servi. Il faut enlever aux factieux tout moyen de séduction, le peuple, en suivant sa pente naturelle, se soumettra aux lois, remplira tous ses devoirs, et dépouillé de toute espèce de crainte, il exprimera hautement son amour pour un Monarque et une dynastie qu'il idolâtre depuis des siècles.

C'est encore par leurs écrits trempés dans le fiel du mensonge que les propagateurs des maximes perverses ont essayé de remuer la multitude, et de la disposer à s'affranchir d'un asservissement qu'ils regardaient comme inévitable. Selon eux, on devait incessamment rétablir la dîme, exiger les redevances, faire revivre tous les priviléges, enchaîner le peuple, et le traîner en esclave, s'il refusait de se soumettre passivement aux caprices des privilégiés. On ajoutait de plus à ces niaiseries diverses, un retour prochain sur la vente des biens nationaux, qui devaient retourner aux anciens propriétaires,

moyennant une faible indemnité que ces derniers seraient tenus de payer aux acquéreurs.
Ces sottes assertions ont été présentées avec
une vaine assurance, et les effets qu'elles ont
produits ne sont assurément pas douteux. Si le
Gouvernement n'avait point eu la possibilité de
reprimer les écarts de ces proneurs d'absurdités, ou bien si la tactique de l'ex-ministre les
avait défendus en les plaçant sous son égide,
ceux qui se trouvaient dans le cas de profiter
de ces avantages, morts de caducité, auraient
pu avoir assez de politique pour désabuser eux-
mêmes le peuple qui les aurait attentivement
écoutés, dans les communications franches qu'ils
pouvaient avoir avec lui; ils y auraient même
gagné, sans se compromettre; et la haine,
qui semble être le résultat d'une espèce d'éloignement, eût été remplacée par des sentimens
qui ne sont pas à dédaigner, dans une circonstance où le concours de la majorité est nécessaire
pour éviter de grands maux. N'importe la sphère
de grandeurs où l'on se trouve placé, l'estime
de ses concitoyens est un précieux avantage;
heureux ceux qui peuvent l'acquérir à si peu
de frais!

Lorsque les feuilles libérales publiaient des
doctrines qui pouvaient devenir nuisibles en

s'accréditant, les journaux royalistes devaient employer le contre-poison, en faisant immédiatement, au nom de leur parti, de solennelles protestations contre les projets qu'on avait la perfidie de leur supposer. On aurait pu répondre à des invectives par des raisons de principes, à des injures par le mépris, et à des calomnies par le secours des tribunaux. Le langage de la politique doit être aussi pur que les maximes impérissables que la sagesse a gravées sur les premières tables législatives, lorsque les hommes n'étaient pas encore corrompus. Le politique doit se tenir à sa hauteur; de même qu'un héros affronte un spadassin, il ne doit que du mépris au folliculaire qui l'appellerait dans l'arène. La cause des Bourbons veut être défendue noblement, et celui-là la servirait mal ou lui deviendrait préjudiciable, qui emploierait des moyens indignes de la grandeur du sujet. Quand les révolutionnaires paraissaient oublier leurs intérêts pour ne s'occuper que des intérêts de la masse, c'était un artifice bien dangereux qu'ils employaient au détriment des royalistes; on a prudemment fait si on l'a détruit, en prouvant, par des faits irrécusables, une conduite franche et une déférence complète, que les royalistes seuls voulaient le bonheur du peuple, et qu'en cela ils suivaient les intentions du Gouvernement, qui en faisait l'objet de tous ses soins. Il est des vérités qui ont besoin d'être prouvées, surtout quand elles tiennent à des intérêts d'une importance aussi majeure.

Les administrateurs ou les magistrats chargés, dans les provinces, de donner une direction quelconque aux esprits, auraient dû ne pas oublier qu'ils tenaient leurs emplois du Gouvernement, qui ne leur avait accordé sa confiance que dans l'espoir qu'ils agiraient franchement dans le sens de la monarchie légitime et de l'intérêt de leur patrie. Ces délégués du pouvoir, pénétrés de l'importance de leurs fonctions, sentant l'influence qu'elles leur donnaient, ne devaient être ni intéressés ni insoucians; ils auraient réprimé bien des fautes et acquis bien des droits. On se serait aperçu s'ils avaient de bonnes intentions et d'excellens principes, s'ils étaient sortis de leur engourdissement pour protéger les royalistes contre les insultes et les invectives des factieux; on aurait vu s'ils étaient justes, s'ils avaient condamné l'arbitraire de quelques fonctionnaires inconsidérés, mus par la bassesse des grandes passions; on aurait pu se faire une idée de leurs opinions politiques, et croire qu'ils préféraient le règne des Bourbons, s'ils avaient favorisé l'émission des bonnes doctrines à l'exclusion des mauvaises, et pris le soin d'indiquer à leurs administrés la marche qu'ils devaient suivre, et le cas qu'ils devaient faire des propositions de révolte et d'insurrection. Préposés pour développer la pensée du Gouvernement, on aurait cru qu'ils n'en étaient pas les ennemis, s'ils avaient dissipé les craintes qui s'élevaient relativement à la renaissance des priviléges, en arrêtant la circulation des impostures qui les ressuscitaient. S'ils n'avaient pas été entièrement paralysés par la volonté suprême de l'ex-ministre, ils seraient bien coupables de n'avoir point usé de toutes leurs ressources pour éclairer le peuple qu'on abusait. Jamais l'administration n'avait été moins active, et jamais on n'avait laissé un aussi libre cours à la licence. Cette fatale inertie, en même temps qu'elle entretenait les esprits dans le doute, éloignait la sécurité; et les agens principaux ne donnant plus d'action aux agens subalternes, il en résultait une lenteur qui se communiquait avec rapidité, et le corps politique tombait en même temps dans une agonie dont les caractères présageaient de nombreux malheurs. Cette situation commençait à effrayer ; des chefs d'accusation divers s'amoncelaient sur la tête de celui qui avait la haute main sur l'administration, et si sa chute n'eût pas été puissamment déterminée, il n'avait plus que la ressource d'agir pour justifier son système : Zénon marchait pour convaincre ceux qui niaient le mouvement.

Les maux qu'ont produits jusqu'alors l'irréligion et l'impiété ne sont pas si grands qu'on ne puisse encore y remédier. La morale et la religion ne sont point bannies de tous les cœurs, et les conseils de la perversité n'ont point influé de manière qu'il soit impossible de ramener le peuple au bien. Les efforts des libéraux leur ont été incontestablement funestes ; mais ils sont si loin de leur but, qu'il serait encore aisé de détruire les impressions que le venin de leurs doctrines aurait faites sur la classe la moins éclairée, et par conséquent la plus facile à tromper. Dans les provinces où l'ordre social, politique et religieux a reçu de plus fortes atteintes pendant nos longs désastres, il assiste aux exercices de piété avec un certain recueillement, et sans les sarcasmes et les indécentes plaisanteries des apôtres de la révolution, il n'hésiterait pas à remplir ses devoirs religieux. Ce sont les révolutionnaires, armés de l'hideux philosophisme de

93, qui propagent l'athéisme, et retardent autant la régénération des principes. Jusqu'à ce
qu'ils soient mis sous la surveillance d'une autorité forte et active, ils persévéreront dans leurs
desseins impies; et enhardis par ceux qui sont à
leur tête, ils deviendront des fléaux pour la
monarchie en replongeant le peuple dans la
barbarie de l'incrédulité. Qu'on les arrête dans
leurs élans pervers, les ministres de l'Evan-
gile, qu'ils accablent d'outrages, auront l'am-
ple faculté du prosélytisme, et avec de la
sagesse, de la prudence, un esprit de justice,
de conciliation et de tolérance ils regagneront
la confiance; et préparant à l'Etat des sujets
dévoués, ils rendront aux familles des enfans
soumis, qui seraient devenus d'indomptables
rebelles.

Il ne restait plus aux philosophes de la révolution qu'un moyen de se souiller et de retom-
ber dans la fange d'où ils étaient sortis; ils l'ont
employé en dénaturant et en cachant même les
bienfaits que les Bourbons ne cessent de répandre sur la classe la moins heureuse de la
nation. Les Français, dans l'infortune et la
peine, ont tous les mêmes ressources, quels que
soient les victimes d'un évènement fortuit,
quelles que soient leurs opinions politiques et

religieuses, leur moralité; les grandes vertus n'excluent rien, tous ont les mêmes droits à la bienveillance de leurs puissans bienfaiteurs. Une des principales causes de la résistance du peuple aux insinuations de révolte, est évidemment la reconnaissance, et la force cachée qui en est le résultat, nous a évité les maux d'une révolution dans ces derniers momens. Il ne manque peut-être au peuple qu'un organe pour confirmer la vérité de cette assertion. Le recueil des actes de bienfaisance de cette famille auguste serait un monument bien précieux pour la France; heureux celui qui pourra rassembler les matériaux nécessaires pour l'élever et le transmettre à l'admiration de l'Europe et des siècles !

« O ma patrie! malheureuse France! »

Ces paroles, sorties de la bouche d'un Prince idole de tous les Français, ont retenti au loin, elles ont été approfondies par les politiques éclairés, et en même temps qu'elles ont glacé d'effroi, elles ont donné une preuve à jamais mémorable des lumières de cette auguste victime, et de son sublime discernement. Quel est l'observateur réfléchi qui, à cette époque d'oscillation et d'incertitude dans la marche du gouvernement, n'aurait point proféré des paroles aussi malheureusement prophétiques. La faction démocratique avait jeté le masque, on ne lui opposait même plus de frein : le vaisseau de l'Etat, battu par la tourmente, était livré à des mains inhabiles qui ne cherchaient plus qu'à sauver leur fortune dans le naufrage; une consternation générale glaçait de terreur les esprits épouvantés ; le cri d'alarme était sur les lèvres des anarchistes, et sans la grande puissance qui fait la honte des orgueilleux mortels, la France eût été en proie aux fureurs d'une guerre civile, qui eût infailliblement entraîné la monarchie et la nation dans le vaste gouffre que les révolutionnaires avaient creusé. Aujourd'hui que le bandeau qui couvrait les yeux est tombé, que les dangers qui nous menaçaient de toutes parts ont été aperçus, que nos hommes d'État ont envisagé la fausse route dans laquelle ils s'étaient engagés, qu'ils ne se font plus aucune illusion sur la mauvaise foi des ultras-libéraux, il nous est permis d'avoir quelques espérances de salut et de bonheur. Que la France expie ses nombreux forfaits, par des sacrifices qui puissent apaiser la colère divine; que les scélérats reçoivent le châtiment dûs à leurs crimes atroces, que les méchans soient exactement surveillés, que les bons citoyens soient distraits des mauvais, le calme pourra se rétablir et les craintes se dissiper. Que les hommes bien intentionnés se réunissent, que les petites ambitions disparaissent, qu'une digue formidable s'établisse, dès ce moment, contre les ennemis d'une dynastie que ses malheurs et ses vertus ont rendue immortelle ; que la raison et la sagesse reprennent leur empire, et les principes de la morale et de la religion leur grande influence ; les partis divers perdant de leur force et de leur consistance à fur et à mesure que leurs doctrines décroîteront, on aura la douce consolation de voir bientôt les Français réunis, le gouvernement s'affermir, les sciences et les arts prospérer, l'industrie se parer d'un nouvel éclat, le commerce prendre un brillant essor, et la fécondité de notre territoire devenir une source inépuisable de richesses.

FIN.

www.ingramcontent.com/pod-product-compliance
Lightning Source LLC
Chambersburg PA
CBHW071509030726
47593CB00003B/1230